AF392523

NOCTURNOS Y OTROS POEMAS DE AMOR

Carlos Aburto

NOCTURNOS Y OTROS POEMAS DE AMOR

PRIMERA EDICIÓN
Diciembre 2023

Editado por Aguja Literaria
Noruega 6655, dpto. 132
Las Condes - Santiago de Chile
Fono fijo: 56 - 227896753
E-Mail: contacto@agujaliteraria.com
www.agujaliteraria.com
Facebook: Aguja Literaria
Instagram @agujaliteraria

ISBN
9789564091075

Nº INSCRIPCIÓN:
2023-A-12879

TAPAS
Imagen de Portada: Ultima_Gaina (iStock)
Diseño de tapas: Jimena Cortés

ÍNDICE

NOCTURNO I

Anochece: preñada está la Luna
y suave el viento.
Diamantes siderales
giran saltarines
en exótica danza nocturna.
Mi alma se dispersa
de estrella en estrella
y quiere detener
la expansión de los astros.
¡Pero, cuidado! El universo es perfecto.
La energía celeste
es perfecta, más perfecta
de lo que sospecha el Creador.
Ahora, seres alados
de ambientes paradisíacos
vienen hasta aquí
y giran en torno mío
al compás de mis suspiros.
Mi alma está ebria
de danza nocturna
y se deshace en lágrimas.
 "El amor es celeste y
es prodigio divino".
Me lo dijo un ser alado
en esta plateada noche del
grandioso plenilunio.

Carlos Aburto

NOCTURNO II

La mulata dormida
respira sutilmente
su perfumado aliento.
La pálida llama de una vela
termina con la noche
y mis pensamientos
con la aurora matinal.
Los acordes de guitarra
y el canto de los jóvenes
sube armonioso
en el apacible titubeo nocturno.
Un perro aúlla
embrujado por la vieja Luna
y su desarticulado eco
se eleva lastimero
sobre la ciudad dormida.
La canción de la noche
se eleva a las estrellas
y mi suspiro de enamorado
traspasa el universo,
porque mi alma es canción
y mis versos son el eco
de una melodía sin fin...

NOCTURNO III

Mi mirada se dirige
al abandono de la tarde
y persigue al arrebol distante
que huye cual fantasma.
La noche vino
con su manto mortuorio
borrando imperceptiblemente
la estética del color
y la soledad me acompaña
otro día hasta mi glacial lecho
de lobo sideral.
El céfiro gira
trizando el silencio
con aterciopelada suavidad,
mientras la hechicera Luna
me dirige su sonrisa
de coqueta milenaria.
Tarde, noche, luna,
soledad, silencio;
y un beso inmaculado
me envuelve con tibieza
hasta alcanzar el alba.

Carlos Aburto

NOCTURNO IV

Salgo al jardín a la hora más silenciosa
del beso con la noche
y allí está ella: la bruja milenaria
sonriendo seductora
sobre una infinita alfombra de diamantes.
¡Oh, paraíso nocturno,
circundante quietud
que conmueves los espíritus!
Es aquí afuera donde puedo
aspirar el hálito del mundo,
tenue y delicado,
que sumerge mi ser
en aromas de eternidad.
Arriba, los gigantes siderales
describen su infinita ruta
en compacta y perfecta
danza nocturna.
Mi corazón se regocija
con la danza de la noche
y confía sus secretos
a las ninfas selenitas.
Ellas me dedican con ardor
su exótica danza del vientre.
¡Oh, dulces bailarinas…
que deliciosas sois y qué delicadas!
¡Dios… qué balanceos de caderas
y senos virginales
bajo velos de plata!
¡Oh, instantes divinos
de sin igual contemplación!

NOCTURNO V

Una tristeza de muerte
se percibe en el crepúsculo
y una lluvia cenicienta y grácil
parece mecerse sobre el abandono.
Todo esto ha caído con las sombras
y sus fantasmas juguetones
que vienen a bailar, invisibles,
sobre gotas de rocío.
Ahora puedo escuchar,
cual presagio siniestro,
el incansable croar de ranas
que como el canto de la noche
se eleva a las estrellas…
¿Quieres cantar tú también, oh alma mía?
Tu canto en esta noche
podría armonizarse con el croar de ranas
o un balbuceo de tumbas;
¡tan acongojada pareces estar!
El pastor ya no toca su flauta
y las ovejas se han dormido
entre las siluetas nocturnas.
De verdad, una gran melancolía
se ha apoderado de ti, tierna alma mía,
cual funesto maleficio
que ha venido con las sombras
a perpetuarse en el silencio.
No es el croar de ranas,
la ausencia de la Luna

Carlos Aburto

ni la flauta del pastor,
la que te trae así, otrora, dulce cantarina,
sino la ausencia de tu amada
que tras mil eternidades
ya jamás retornará…

NOCTURNO VI

Más allá del universo
agudos y profundos
mis pensamientos viajan
penetrando las galaxias.
Cada momento es nuevo
ungiendo el devenir,
solo el espacio es único
y es eterno su existir.
¿Lograré embriagar el alma
al claro resplandor de las estrellas?
Si la noche es lenta y armoniosa
traspasaré el mirífico Universo
con la rapidez de una centella;
en cambio, si la noche es lóbrega y maligna,
nacerán los versos inconclusos,
esfumándose infecundos
en un largo imaginar...

Carlos Aburto

NOCTURNO VII

¡Enigmática luz crepuscular,
a esta hora de sosiego vespertino
y callada quietud!
Absorto contemplo
tu infinita galería pictórica
que con pinceles celestes
has decorado el universo.
¡Qué gama de colores y embriagadores matices!
¡Qué luminosidad de Luna se extiende a mi alrededor!
También, soplos sutiles inundan mis oídos
de melodías inauditas;
son acordes de una música
apasionada y dulce
que envuelve, nostálgica,
una añeja felicidad.
¡Ah, felicidad celeste!
¿Desde qué lejano tiempo y espacio
llegan hasta mí
tan indescriptibles sensaciones?
¡Ah, bendito tiempo inextricable,
arrolladora eternidad!
Eres tú que quiere regalarme
este añorado fragmento
de existencia perpetua,
mientras siento latir mi corazón
al ritmo del reloj del mundo
y una paz inusitada
conmueve todo mi ser

y mi corazón estalla en lágrimas…

NOCTURNO VIII

Un velo de plata se extiende a mi alrededor
con nuevas estrellas y nuevas noches
que inspiran mi corazón
con embrujadora música en el cáliz del amor.
Tengo sed de medianoche
y silencio nocturno
que transporta mi espíritu
hacia esferas no vividas.
Tengo sed de lágrimas celestes
que grácilmente empapen
mi inspiración dormida
de una lírica soñada.
¡Ah, fantasía mágica que bulle dentro de mí
y quiere realizarse!
¡Oh dicha paradisíaca que enciende mi corazón!
¡Ah, momento divino
en qué abrigo este amor!
Este momento es para ti,
niña de ojos infantiles,
con tu inmaculado silencio,
tu fragancia de jazmines
y tu luminosidad de estrellas…
Es para ti también
este ardoroso beso que te envío,
y que rozará sutilmente
tus pétalos de rosa;
aquellos pétalos de fuego,
de tu encanto virginal…

Carlos Aburto

NOCTURNO IX

He aquí el monstruo de cien cabezas
rugiendo suavemente
y dando frescos lengüetazos a la playa.
Cómo me horroriza
este huidizo vacío de la noche
y el oleaje negro y espumoso
del monstruo a mis pies,
y la enigmática faz de la Luna,
macilenta y triste,
entre el oscuro cúmulo nocturno.
A ratos clarea la noche
y el viento gime y aúlla
como un lobo solitario
embriagado por esta vieja Luna
que se perfila imponente
entre las nubes en fuga.
Arriba, las luciérnagas celestes
han avanzado un buen trecho
en su infinita ruta sideral.
Aquí abajo, al borde de la playa,
puedo escuchar pulsaciones tamboriles
y arpegios de guitarra
como huida de fantasmas.
Mi espíritu vaga distante por remotas lejanías,
cabalgando sobre una bestia
que simboliza el tiempo.
Siento los latidos violentos de mi corazón
como si también quisiera arrancarse.

Nocturno y otros poemas de amor

Y, en fin, todo mi ser vaga solitario,
apesadumbrado y triste,
melancólico y nostálgico,
angustiado y ansioso,
cual pájaro nocturno sin su lecho nupcial…

Carlos Aburto

NOCTURNO X

Noche de tormenta
que descargas sin piedad
tu siniestra furia sobre toda la materia.
Noche lóbrega y maligna
con música de truenos
e iluminación de relámpagos.
Tu escenario yace horripilante
cual funesto camposanto:
sordos sonidos del cierzo en los alambres,
chirridos que se pierden
al final de las calles
como extraños mensajes
de explicación fatal.
Crujen los cristales, parecen romperse.
Desde el cielo electrizado,
 plomizo y ceniciento
se desprenden centellas
como señales de luces
emitidas solamente
por la atmósfera agreste.
Ninguna nota de armonía
se percibe en derredor,
solo la torrencial lluvia
pone una nota grave
de melodía fúnebre en mi alma...
¡y hasta me enloquece
este maldito vendaval nocturno!...

NOCTURNO XI

 Astros copulando placenteramente
en el diáfano infinito,
en derredor de la vieja Luna,
redonda y amarilla,
cual un hada mágica
de abultado vientre
a punto de parir.
¡Oh placentera visión galáctica,
asombrosa, indescriptible!...
Me he quedado impertérrito,
pegado a mi ventana,
como si el cambio natural
de la luz a las tinieblas,
produjese un éxtasis místico en mi ser
y me congelara en una inmovilidad perpetua.
Ahora, una ebria felicidad
se apodera de todos los seres
y todas las cosas son ungidas
por la brisa que gira
y lo perfuma todo,
haciendo que las almas
se sientan unidas y encadenadas
misteriosamente...
Entonces, los enamorados vuelan
en carrozas de ensueño,
extasiándose de gozo
más allá del infinito.
Y mi espíritu flota libre y solitario,
soñador y elevado,
reflexionando siempre
en el misterio del amor...

Carlos Aburto

NOCTURNO XII

A esta hora
el hálito del mundo
gira suave en torno a la materia
y un crepúsculo soñado
de tintes traslúcidos
se ha pintado
con inspiración celeste.
Una diminuta golondrina
traza caprichosos círculos
a mi alrededor
y un talentoso ruiseñor
toca su flauta,
evocando mil recuerdos
en mi corazón.
Son notas que suspiran
y me besan provocativas,
para luego extinguirse
en una embriagadora
cadencia perfecta.
¡Qué maravillosos gorjeos
y divinas notas, estas, las
del lenguaje del amor!
¡Qué embrujadora música
transporta a mi ser
hacia sueños inauditos!
¡Ah, rumores galácticos
y mensajes de amor!

NOCTURNO XIII

Estación helada,
oscuridad creciente,
titilante brillo de los astros
en la lóbrega bóveda celeste.
Cuervos demoníacos revolotean
siniestros a mi alrededor,
mientras graznan en su extraña lengua
una mortuoria oración...
Un escalofrío eriza toda mi piel
y la recorre a lo largo de la
columna vertebral
traspasando mi alma ansiosa
en una tortura muda que
me narcotiza y quema
con su gélida sensación.
Todo esto puede conjugarse
con la fría mirada de las estrellas
y el aire cortante y álgido
de un invierno que rezuma miedo y dolor...
El lastimero ulular del viento
en todos los rincones me transporta
a dimensiones de ultratumba
y luego se dirige a mi ser
en un susurro siniestro...
Es tu alma que quiere contarme
su desdicha de amor,
en una deprimente canción
de dolor y pesantez...

Carlos Aburto

Y los árboles, a la vera del camino,
pasean su esquelética silueta de
criaturas monstruosas y deformes
en el más profundo entorno glacial.
   Pero... ¡ya, sal de ahí, compañera de mil años!
Ven a mí, a mi estación de amor,
con su dorado sol de estío,
con su dorada tarde besando el ocaso,
y después del anaranjado crepúsculo,
reflejos de plata de la preñada Luna...
¡Ven... ven, sin miedo,
eterna compañera
y conjuguemos otro sueño de amor
en el anillo imperecedero de la dulce eternidad!

NOCTURNO XIV

Un aterciopelado céfiro nocturno
roza sutilmente toda la materia,
trizando el silencio con las hojas de otoño
entre casi esqueléticos árboles desnudos.
Mi alma también deambula
casi desnuda por nostálgicos senderos
que atrapan su pasado.
La Luna es nueva y delicada
en el centro de la negra bóveda celeste.
Me trae visiones de otro tiempo
y pretéritos sones de una música
inspiradora en mi corazón.
Seres alados me acompañan
en mi solitario paseo nocturno
en esta armoniosa noche
de melancólico otoño.
Y luego ellos me transportan lejos,
más allá de la Vía Láctea...
¡Oh nostálgicas visiones
de un dorado tiempo de mi juventud!
Atravieso mis existencias
en todas las dimensiones del tiempo,
y en los remotos pasados
puedo revivir bucólicos amores,
de armoniosos días,
que llenaban mis momentos
de grandes espasmos de felicidad...
¡Con alegría suprema he descubierto,
que siempre has sido tú
la que ha estado allí, dicha sin fin,
de mis pasadas vidas!...

Carlos Aburto

NOCTURNO XV

Muere el día. Silencio, hora crepuscular.
Tintes rosáceos, amarillentos y anaranjados,
pálidos y tenues; siluetas nocturnas...
Todos estos instantes son cómplices
de este profundo mutismo del entorno.
¡Cómo me absorbe este silencio
y esta soledad!... Mi corazón,
una eternidad petrificada,
se conmueve ante tal belleza muda.
Mi mirada traspasa un hechizado portal
de una encantada dimensión.
Mi alma vuela en carrozas de fuego
más allá del infinito,
bordeando universos
con billones de soles
y una inefable dicha inusitada.
Ahora puedo buscar mi gemela enamorada
por los confines de la eternidad,
porque soy dueño del tiempo y este
es el señor de Todo.
Ahora soy Dios,
ahora soy amo del universo,
ahora he encontrado el equilibrio mágico
de la armonía celeste.
¡Te amo, princesa incorpórea,
belleza perfecta, inspiración de mis sueños!
Siento el goce infinito
de tu amor imperecedero

en la arrolladora eternidad.
¡Vives y bulles dentro de mí,
belleza de luz, provocándome
un bienestar sin medida
en una indescriptible felicidad perpetua!

Carlos Aburto

NOCTURNO XVI

El horizonte es crepuscular,
coloridos jirones se disipan entre largas
degradaciones y fusiones caprichosas.
El día ya muere con cantos de ruiseñor
y *staccatos* de búho.
La bruja milenaria, de amarillo pálido,
sonríe malignamente a los aullidos del lobo,
mientras yo bajo los mantos de sombra,
casi al borde del delirio
y sumergido en la nostalgia,
sigo cavilando y cavilando
sobre lo que pudo ser y ya no fue.
El tiempo, señor del universo,
me lo ha arrebatado todo.
Él es inextricable, irreversible,
irreverente e imperecedero.
Nada puede detener su marcha...
Se lo lleva todo como en un vendaval de sueños
al pozo del olvido.
Luego la nostalgia por lo bello
y el arrepentimiento por lo que
pudiste hacer y no lo hiciste...
Pero aquellos hermosos fragmentos
de existencia efímera,
te marcan y te anclan en el pasado
y lo comparas siempre con el acontecer del presente.
Si no te hubieras ido de este idílico espacio,
aún estaríamos juntos, siempre juntos...

Nocturno y otros poemas de amor

Nuestra piel lozana y fresca,
nuestra juventud maravillosa
se ha ido poco a poco,
pero nuestro ser es el mismo
desde el principio de los tiempos.
Nuestro amor aún no muere,
después de casi toda una eternidad.
En otro tiempo y en otro espacio
han quedado las escenas más bellas
que hayamos vivido...
Así quiero recordarte en el devenir,
bella princesa de ojos claros y cabellos de miel.
Cuando tu mirada me traspasa el alma,
parezco caer a un insondable abismo,
pero un abismo de encanto y bienestar sin medida,
donde quisiera permanecer siempre,
por toda la eternidad.

Carlos Aburto

NOCTURNO XVII

La brisa tibia de un estío moribundo
orea la tierra humedecida por la llovizna vespertina.
Camino distraído con el aire acariciante
que llena mis pulmones por mis narices dilatadas,
y de pronto, ¡oh, gran hada mágica!
Allí estáis asomándote imponente
tras los edificios, en el horizonte claro
de una tarde que muere silenciosamente...
Estoy hechizado y ebrio de ti,
oh, bruja milenaria,
de tu espectacular e
imponente plenilunio en el
diáfano y sin igual crepúsculo...
Pero no puedo tocar tu belleza,
sino tan solo con los ojos,
con la mirada absorta
y el alma extasiada de ti...
Así también sucede con las muchachas,
las doradas delicias;
deliciosas féminas
que deambulan en estas horas vespertinas,
caminando leves, graciosas, ágiles,
frescas y casi desnudas,
mientras deslizan sus cuerpos etéreos,
como plumas ligeras llevadas por el viento,
entre las multitudes de las amplias avenidas...
Solo puedo tocarlas con la mirada y dejar
que mis espasmos de felicidad opriman mi corazón...

Nocturno y otros poemas de amor

¡Qué maravillosa visión y qué regalo inmaculado
para mis ávidos ojos de admirador consumado
de la sublime belleza femenina!
Mi mirada NO es una mirada lasciva,
sino de poeta, la cual NO le falta
la inocencia en el deseo...
Pero ha caído la noche sobre la ciudad
y me refugio, sin pensarlo, en algún
antro de pecado de la vida decadente
de los centros nocturnos.

Carlos Aburto

NOCTURNO XVIII

Los vientos húmedos de junio
aúllan como lobos gigantescos
en el corazón de la montaña.
La tormenta ruge
con la fuerza de una bestia,
con su voz de trueno
y sus ojos centelleantes
de resplandores azules y violáceos
azotando la hondonada
con singulares látigos eléctricos.
Luego, la lluvia negra torrencial
chispea y golpea con demencia
toda la materia.
Es como un fantasma siniestro
que corre sobre los tejados
dando ensordecedores retumbos
en esta estación gélida y nefasta
que dejará miseria y desolación
en todos los rincones.
Así también tu fría indiferencia,
cual tormenta perversa,
se desata arrolladora,
golpeando y azotando con fuerza
mi diezmado corazón.
Fui crédulo e ingenuo
como el alma de un niño
por amar tu belleza
y tu sonrisa angelical

de un ser que no era,
sino una alimaña
con maquillaje de mujer.
No me percaté de tus gestos sombríos
que como funesto preámbulo
vino a barruntar desgracias
y descargó sobre mí
certeros dardos
en mi desprotegido corazón...
Por eso quisiera ser viajero de espíritu libre
y estar perdido para siempre
entre las brumas del tiempo
y luego vagar y vagar en la noosfera,
gozando de reposo y asilo
en el seno de la eternidad.

Carlos Aburto

NOCTURNO XIX

Con tus ojos infantiles
y tu sonrisa seductora de blancos incisivos,
me deslumbras, bella mujer,
en esta ansiada cita nocturna.
La bruja milenaria nos ha besado
con un tenue ósculo de luz
y proyecta nuestras sombras
contra un imponente muro.
La noche clarea y cobra vida
con mil fragancias de tierra húmeda,
de pino, de jazmines,
de paraíso nocturno,
de clariesencia, de enigmáticos
y exóticos aromas del más allá.
Los miríficos astros nos observan
haciendo ostentación de su majestuosidad
y magnificencia; de su poder
y grandiosidad de universo indescriptible.
Los poderes de la noche desatan su magia
entre neblinas blanquecinas,
cantos de búhos, croar de ranas
y balbuceos de cuervos demoníacos.
Esta noche te veo feliz con esa risa envolvente
y tus miradas hechiceras.
Tus cabellos lucen bañados de plata
por los rayos de la Luna.
La alegría de tu ser es tal,
que proyecta una danza de luz

sobre las siluetas nocturnas.
Nuestras almas se han fusionado
en ceremonial secreto, con ensueños lúgubres
y besos de amantes.
Esta felicidad aflora por tus poros
y oxigena tu existencia
con un poder de sugestión mayor
que la música impone
por sobre la evidencia y la razón.
Por eso, amada mía,
canta y baila cual una loca,
que es mejor estar loca de felicidad,
que loca de desdicha.
Así le aconsejo a tu corazón,
cuando ha renacido la primavera en todo tu ser.
¡Vamos, brindemos simplemente por la vida!
Bebamos de este vino dulce y embriagador,
fruto de aquel dorado racimo
que llenó de luz los campos de estío
y que ahora te transporta y envuelve toda,
con aromas de una añeja felicidad
y que, como inmigrante perfume,
exótico y extraño, narcotiza tu espíritu
y hace florecer el mayor milagro realizado
de tu existencia: el AMOR.

Carlos Aburto

NOCTURNO XX

El crepúsculo y la noche
han sido invocados por un conjuro de sombras;
tal parece su proceder en que se han manifestado,
albergando horrores en estos días
de gélido y prolongado invierno.
Aúlla el viento norte por todos los rincones,
calando hasta los huesos su glacial aliento de los polos.
Necesito esa frialdad en mi corazón
para no sufrir por tu larga y fría indiferencia,
mujer con alma de nieve.
Ahora, el cielo desbordó su tempestad diluviana
con impresionantes granizales y
torrenciales lluvias de agua negra
como la sangre derramada de mil demonios.
Así cayó, también, sobre mi ser tu frialdad
e indiferencia, azotando mi aniquilado ser y
anonadándolo a su más mínima expresión.
Cuervos demoníacos graznan y picotean
los grotescos granizos,
mientras su mirada negra
parece estar llena de oscuros secretos.
Nubes bajas; negros nubarrones
contra el horizonte de rojo escarlata
dan un aspecto de muerte y horror
con jirones de penumbra espectral,
pues fantasmagóricos látigos eléctricos
siguen torturando la tierra helada.
Los truenos retumban cada vez más lejanos.

Nocturno y otros poemas de amor

La tormenta amaina, pero aún la lluvia
abofetea mis escarchadas mejillas.
La incipiente luna nueva dibuja
un arco fino y definido, cual hoja reluciente
de una gigantesca echona.
Mientras camino solitario por las calles vacías,
la noche luce una extraña y escalofriante hermosura.
Ahora me refugio en mi hogar
junto a las llamas refulgentes y sagradas del salón,
 las que me reconfortan y alivian mi ser físico,
pero no acaban con la tormenta y el vendaval siniestro
de mi corazón.

Carlos Aburto

NOCTURNO XXI

Es la hora del ocaso
y el Sol abraza el mar
con sus rayos de oro
sobre la espectacular bahía.
Multicolores y minúsculas siluetas,
en el viejo muelle
son mecidas sin descanso
por el brazo fosforescente
del monstruo azul de cien cabezas.
Dorados destellos de un sol que agoniza
se cuelan fugaces
entre la arquitectura gótica
de las imponentes catedrales.
Fenece el día
y la mulata dormida respira tenue y delicada,
con suaves céfiros apenas perceptibles.
El horizonte es de fuego
con anaranjadas brasas de un arrebolado
crepúsculo de estío.
Nostálgicas lágrimas del cielo vespertino
salpican con traslúcidos diamantes
el prado tierno de la solitaria plazoleta,
donde por la tarde los eufóricos gritos
de los encantos infantiles
inundaron de algarabía
toda la barriada.
Ahora solo tenue luz anaranjada
y envolvente quietud.

Nocturno y otros poemas de amor

Pienso en ti y todo a mi alrededor lo envuelve la soledad.
La solitaria calle me invita a caminar.
Cruzo el umbral de un apestoso cuchitril
que me cobija amigablemente.
Una bella mesera me ubica junto a una ventana.
Me trae un vino rojo como símbolo de la noche... esa
misma noche
que a través de la ventana nos contempla
con su hada mágica a punto de parir.
De norte a sur la *Vía Láctea* se dibuja
cual gigantesca alfombra de diamantes siderales.
¡Cómo me asombra esta bruja milenaria,
redonda y amarilla,
con sus plateados reflejos sobre los sauces llorones!
La canción de la noche me eleva a las estrellas,
desde donde me asalta el devenir del tiempo,
con su pretérito canto de lo divino
y su esencia de lo humano.
Este vino rojo activa mis sentidos
y puedo alcanzar la arrolladora inspiración
de una poesía celeste...
Esta lírica de otro tiempo y otro espacio
es el lenguaje del ser
y el susurro sagrado de los dioses ancestrales...
Aquello nos conecta a nuestra más profunda esencia de lo
infinito...
Poesía de luna; morada del genio
con su lenguaje indescifrable e imperecedero,
su música inmaculada y sus vibraciones galácticas.
¡Oh, armonías templadas

Carlos Aburto

y voces celestes que bullen dentro de mí
y quieren revelarse desde
mi más profundo ser!

NOCTURNO XXII

Noche bochornosa, sofocante y húmeda.
La ciudad me seduce
con su aspecto apacible
bajo la penumbra
de este violáceo crepúsculo.
Aún se observan caprichosas nubes
que se retuercen cual serpientes monstruosas
deslizándose vertiginosas
hacia la distante Cruz del Sur.
Una muchacha camina ágil y liviana
cual graciosa bailarina sobre la vereda,
ondeando guedejas refulgentes de
arreboladas llamas.
Al pasar junto a mí, me ha mirado
largamente a los ojos
y la he reconocido, sintiendo
que la he amado varias veces en una misma vida.
Pero me causa pavor su maligna sonrisa,
su peinado de loca y su dulce embriaguez,
pues su mirada sacrílega se torna de hielo
al lanzarme plateadas flechas de encanto y dolor.
La noche ha extendido su manto de sombras,
su música fría y su pintura gris.
Señora hechicera: esta noche está ausente tu reflejo de luz,
pero millares de luciérnagas celestes resplandecen
imponentes,
en la infinita bóveda celeste.
Carros de fuego juguetean sobre mi cabeza,

Carlos Aburto

mientras viajo a través de las galaxias,
visitando extraños mundos, donde he vivido
doradas existencias entre seres de luz.
Y tú, cabellos de fuego, de mirada esmeralda
has sido mi amor en varias de ellas...
¡Oh, dulce aturdimiento
de este instante celeste,
que como aguijón ardiente
me traspasa el alma!

NOCTURNO XXIII

Es de noche…
¡Oh, paraíso nocturno,
jardín fosforescente que elevas los espíritus!
La luna nueva dibuja un círculo de oro,
bajo un manto de estrellas.
¡Oh luciérnagas celestes,
miríficos faroles de una infinita ciudad galáctica;
¡inconmensurable hogar de mi alma cantarina!
Una embrujadora canción me eleva a las estrellas,
con agudos y dulcísimos tonos de plata
y graves sonidos de bronces bemolados.
Las agudísimas tesituras inspiran
alegrías y soñados bienestares;
en cambio, los bronces bemolados,
de registros graves, engendran
un canto gutural desgarrador, de dolor y pesantez.
¿Quieres cantar otra vez, oh alma mía?
Tu canto puede conjugarse
con las tiernas primaveras, pero a la vez
con los funestos temporales de invierno.
¡Oh, tiernas veladas de mi alma,
como efímeros momentos de lucidez intermitente,
en medio de continuos estados febriles!
Has estado ebria de luna y danza de estrellas, y ahora:
añoras la perplejidad nocturna,
con millares de diamantes siderales
 y sus hechizos de amor,
en los grandiosos plenilunios.

Carlos Aburto

Añoras, también, los viajes galácticos
en carrozas de fuego más allá del infinito.
Añoras ser Dios y dueña del tiempo y la eternidad...
Nada es igual a esta singular contemplación.
Todo es indescriptiblemente bello y elevado,
más allá de lo que el Creador pueda imaginar...
Todo pasará a través del inextricable devenir del tiempo y
el espacio,
pero esta extraña y dulce lírica de ensueño NO pasará;
porque está en ti, entre amaneceres y ocasos,
en movimiento perpetuo,
en la añorada y dulce eternidad.

NOCTURNO XXIV

Paseo al borde de la playa,
bajo la resplandeciente claridad de las estrellas.
El mar se asemeja a una extensa lámina plateada,
donde se mira la luna llena,
cual muchacha adolescente, contemplando su belleza.
El cielo es diáfano
con su esplendoroso manto de diamantes celestiales.
Ya comienza el ritual
al que fuimos invitados,
 sobre esta blanda arena.
Desde el borde de la playa puedo escuchar
el croar de ranas y los *staccatos* de búho,
también, los *ostinatos* siniestros del embrujado tambor
que oprime mi corazón
con su lenguaje rítmico de madera y cueros tamboriles.
El acento acelera el ritmo cardiaco
y de la noche surge el canto del chamán
con sus hechizos ancestrales
y sus demonios infernales.
El ritmo coacciona, intimida y descarga
demonios y fantasmas
en esta profunda medianoche.
Desde el alma se revelan secretos que afloran con el
trance...
Ahora los demonios se han convertido
en necios y dóciles esclavos.
El verso del chamán lleva al trance,
como un sendero mágico que conduce
a la patria de los dioses ancestrales...

Carlos Aburto

La playa está encendida y el cielo está encendido.
Una alfombra de estrellas cubre el espacio infinito.
¡Oh, dulce medianoche! ¡Tengo sed de ti y
mis piernas están ebrias de baile!
Entro al círculo de la hoguera para llegar
a las oscilaciones del alma.
Aquí abajo, las refulgentes llamas de la hoguera
oscilan anaranjadas y amarillas
cual lenguas de encantados y gigantescos camaleones.
¡Mi alma está ebria de canto y danza nocturna,
 de ritmos frenéticos y *ostinatos* tamboriles!
Ellos me transportan lejos,
al espacio-tiempo
de nuestros milenarios ancestros.
¡Ah, tengo sed de medianoche
y de cultos sagrados que esclavizan los demonios!
Al canto del chamán,
los incansables pies
de una docena de jóvenes semidesnudos
retumban guturales y rítmicos
acompañando a la casi inconsciente muchacha
que, cansada de danzar,
ha caído de rodillas al borde de la hoguera.
El ritual orgiástico la ha llenado de dicha
 y de una vívida felicidad.
Ahora ha venido hasta mí,
y ya como una reina, o ya como una loca
me ha besado vehemente.
¡Oh dicha conmovedora y postrera alegría!
¡Oh pecado venial de la profunda medianoche!
¡Oh dicha sin fin de nuestro más grande amor!

NOCTURNO XXV

Este crepúsculo lluvioso y triste
ha castigado la tierra húmeda
con torrenciales aguaceros
y azules látigos eléctricos.
Puedo aspirar un penetrante
aroma a petricor, característico del estío.
¡Qué nostalgia por ti, oh Sol
de mis antiguos días,
de aquellos resplandecientes amaneceres
y dorados ocasos en mil playas paradisiacas!
¡Ah, cuánta alegría abriga mi corazón y
cuánta nostalgia envuelve a mi ser,
como la de Belcebú por el paraíso celeste!
Haré una corona de rosas
con las estrellas más rojas,
para depositarla en tus manos suaves y pálidas,
bella ninfa de la noche,
y en complaciente sumisión
aromatizar tu belleza
con este símbolo de amor.
Eres mujer de la noche;
la más hermosa,
la golfa más ardiente,
la bruja más poderosa
y la ninfa más dulce
de las mil veladas
de mi ardiente juventud.
Rosas para la guerra y para la muerte,

pero más simbólicas para tu dulce amor.
¡Una montaña de tus pétalos
para los enamorados de la Tierra;
con sus amargos desamores,
y sus embrujos de amor eterno!...
¡Una corona de estrellas
para la ninfa dorada de las tinieblas;
la que me embruja y me seduce;
la que desata mi corazón y mis lágrimas!...
Envíame tus carros de fuego
para viajar hasta la curvatura del espacio-tiempo,
y, a través del infinito paraíso de estrellas,
regocijar mi corazón
y estallar en lágrimas
de alegría, de gozo y de ferviente amor.

POEMAS DE AMOR

AGUIJÓN DE ROSA

Todo es pasajero en esta gran vida:
la juventud, la música, el amor.
Mas, cuando el amor pasa da dolor,
pues sin remedio el alma queda herida.

Queda el recuerdo, esa chispa encendida
sin extinguirse de la paz interior
y al corazón lastima con furor
con nostalgia en el alma escondida.

Espina del alma, aguijón de rosa,
tortura de AMOR que siempre perdura
y que renace en cada primavera
con la belleza de una mariposa.

Por tu amor fugaz de mujer madura,
mi corazón late, sufre y espera.

Carlos Aburto

COMPAÑERA

¡Oh, soledad, soledad,
única compañera
de mi fría morada en estas tardes de otoño!...
Cada tarde entras por mi ventana
y te sientas a mi mesa,
trayendo una hoja mustia,
amarillenta y seca
como las pasiones y alegrías de otro tiempo.
Pero cuán dulce y tierna
susurra tu voz a mis oídos,
pues tu lenguaje sin palabras
es el más perfecto en esta
fría y sensible comunión.
Secretos y verdades,
del libro de la vida
revisamos en silencio...
Pero hoy tu voz es diferente.
Hoy me hablas con el lenguaje
ululante del viento,
de aquel que penetra a través de los muros
y me susurra al oído
como en un balbuceo de tumbas,
melancólico y lúgubre.
¿Es que acaso te he contagiado
con mi pesadumbre,
debido al largo tiempo
que hemos estado juntos,

viendo morir la tarde y
nacer la aurora
y siempre meditando
sobre la palabra AMOR?...

Carlos Aburto

TUS OJOS

Graciosas esmeraldas
incrustadas amorosamente
en la nívea porcelana
de tu encanto virginal.
Verde luminosidad
de armonía perfecta;
verde hipnotismo
hechicero de mis sueños,
conjugación divina
de suprema seducción.

TU BOCA

Armoniosa sinuosidad de tu sonrisa,
tesoro de magníficas perlas
dulcemente acariciadas
por dos pétalos de rosa.
Pétalos de fuego
anhelantes, seductores,
donde van a consumirse
las más rojas pasiones.

Carlos Aburto

TU MIRADA

Tu mirada, la mía;
un instante al encontrarse
en el suspiro de la vida,
en ese instante es hechizada
tu alma y la mía.
Encanto inspirador de un beso virginal,
contemplación divina,
voluptuoso instante,
caricia inmaculada
de tus verdes pupilas.

TU BESO

Perfumado aliento que me envuelve
cual la llama,
anhelante, vehemente
en seducción infernal.
Luego me consumes,
lenta, voluptuosamente,
en la sinuosidad apetitosa,
en la proximidad incitante
de tu dulce boca.

Carlos Aburto

TRAICIÓN

Manos suaves de medianoche
acarician en sepulcral silencio
mi angustiada soledad.
¡Ah, pero qué terroríficas son
cuando más oprimen mi corazón!...
Con carcajadas sarcásticas
y muecas burlonas
te acercaste hasta mí, pájaro flamígero,
adulando mi corazón,
pero lanzando siniestros chillidos
desde mil rincones a la vez.
¡Qué grotesca y ridícula era tu careta de traidor!...
Igual lograste llevarte lo más preciado
que anidaba en mi corazón.
Y… ¡maldita sea!, pero
hasta hoy la llaga es purulenta
y este pájaro malagüero me persigue
con su vuelo de fantasma
hasta los estanques del amor.